Visit **www.LanguageLizard.com/Music**
or scan the QR code for additional material including:

- A detailed lesson plan and teacher resources
- More information about each instrument
- Video to hear these instruments
- English and Spanish audio of the book

Musical Instruments from Around the World (Spanish-English)
Copyright © 2022 Emily Kobren

Published by Language Lizard
Basking Ridge, NJ 07920
info@LanguageLizard.com

All rights reserved. No part of this publication may be reproduced, distributed, or transmitted in any form or by any means, including photocopying, recording, or other electronic or mechanical methods, without the prior written permission of the publisher, except in the case of brief quotations embodied in reviews. Request for permission should be addressed to Language Lizard.

Library of Congress Control Number: 2022909273

ISBN: 978-1-63685-156-3 (Print)

Instrumentos musicales de alrededor del mundo

Musical Instruments from Around the World

(Español-Inglés)
(Spanish-English)

by Emily Kobren
translated by Geovanna Delgado

Language Lizard
Basking Ridge

Todos escuchamos y hacemos música. Muchos instrumentos diferentes son usados para crear sonidos únicos que las personas alrededor del mundo disfrutan. ¡Veamos algunos de estos increíbles instrumentos!

We all listen to and make music. Many different instruments are used to create unique sounds that people around the world enjoy. Let's look at some of these amazing instruments!

El **Otamatone** es un instrumento electrónico que fue creado en Japón en 2009. Tiene forma de nota musical. Se puede presionar distintos lugares del "cuello" del instrumento para producir diferentes notas, mientras que se aprieta la "boca" para liberar el sonido y controlar el volumen. ¡Debido a su práctico precio, pequeño tamaño y adorable apariencia, el Otamatone se ha convertido en un instrumento muy popular!

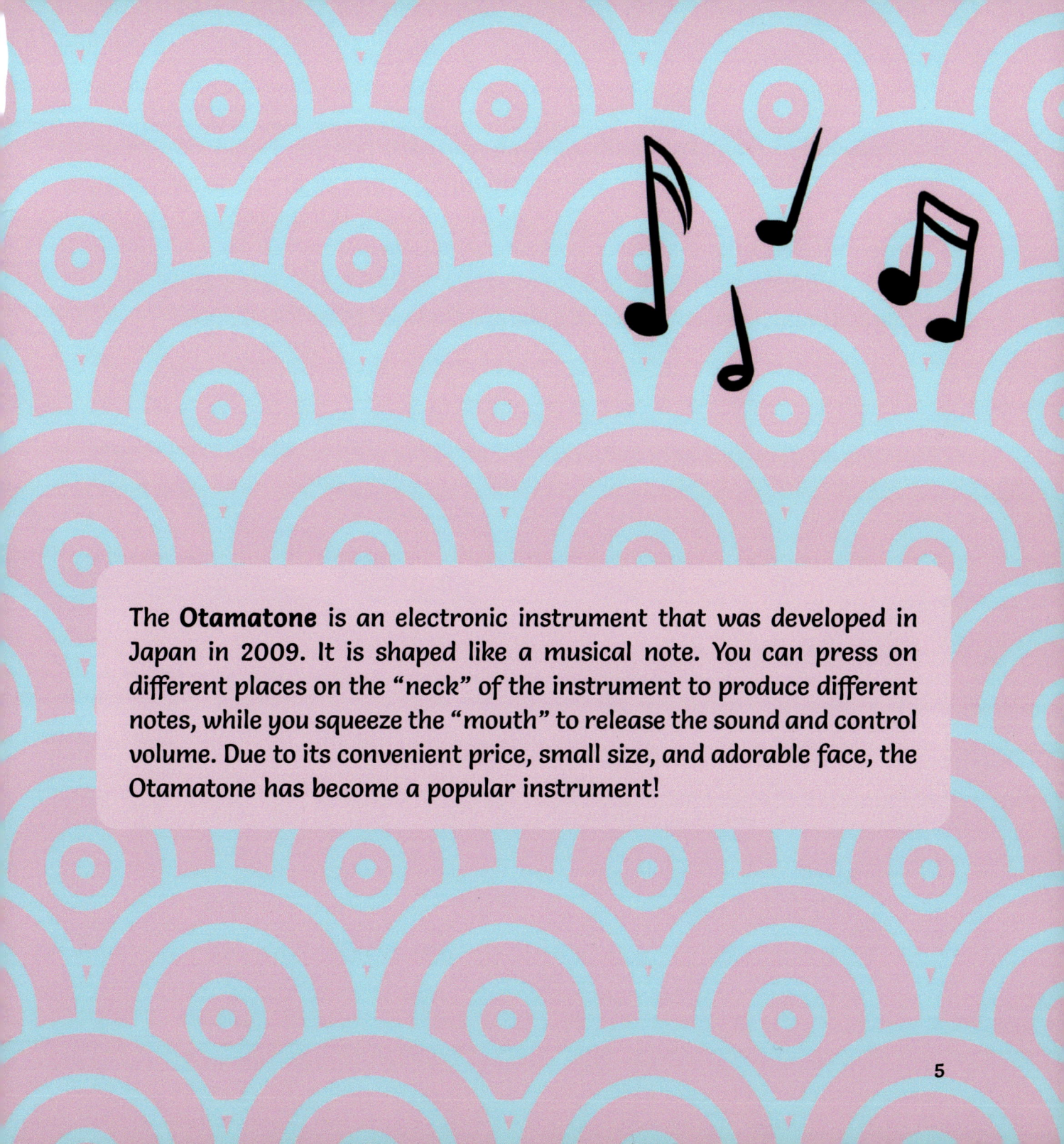

The **Otamatone** is an electronic instrument that was developed in Japan in 2009. It is shaped like a musical note. You can press on different places on the "neck" of the instrument to produce different notes, while you squeeze the "mouth" to release the sound and control volume. Due to its convenient price, small size, and adorable face, the Otamatone has become a popular instrument!

El **rondador** es un instrumento de viento formado por un conjunto de cañas de bambú atadas entre sí. Se toca acercando la boca al borde de las cañas y soplando a lo largo de la parte superior como lo harías con una flauta. Cuanto más pequeña es la caña, más alto es el tono de la nota. ¡Lo que lo hace especial es que puede producir dos notas al mismo tiempo! El rondador es el instrumento nacional de Ecuador, y fue creado hace más de mil años.

The **rondador** is a wind instrument made up of a set of bamboo pipes tied together. You play by putting your mouth to the edge of the pipes and blowing across the top like you would blow into a flute. The smaller the pipe, the higher the note is in pitch. What makes it special is that it can produce two notes at the same time! The rondador is the national instrument of Ecuador, and was created over a thousand years ago.

El **didgeridoo** es un instrumento de viento creado por las tribus aborígenes de lo que ahora es Australia. Es un solo tubo largo, y para tocarlo es necesario aprender un tipo especial de respiración llamada respiración circular. El exterior del instrumento suele estar pintado con colores y símbolos significativos, lo que lo hace muy atractivo a la vista.

The **didgeridoo** is a wind instrument created by the Aboriginal tribes in what is now Australia. It is one long pipe, and to play it, you must learn a special type of breathing called circular breathing. The outside of the instrument is often painted with meaningful colors and symbols, making it amazing to look at!

La **kalimba** es un instrumento de percusión. Se creó en Zimbabue hace cientos de años, pero fue modernizado en la década de 1950. Proviene de una versión más antigua de la misma idea llamada mbira. La kalimba es una tabla de madera con teclas de metal. La kalimba por lo general tiene 17 teclas y recibe el apodo de "piano de pulgares" porque se toca presionando y soltando las teclas de metal. ¡Es un instrumento pequeño pero muy divertido!

The **kalimba** is a percussion instrument. It was created in Zimbabwe hundreds of years ago but was modernized in the 1950s. It derives from an older version of the same idea, called the mbira. The kalimba is a wooden board with metal keys. A kalimba usually has 17 keys and is nicknamed "thumb piano" because you play it by pressing and releasing the metal keys. It is a small but fun instrument!

El **tambor de acero** se originó en Trinidad y Tobago. Cuando los esclavos africanos fueron traídos a estas islas, la música se convirtió en una parte importante de su cultura y de su forma de expresarse. Después de la abolición de la esclavitud en 1838, el toque de tambores fue una parte muy importante de las celebraciones y festivales callejeros. Sin embargo, cuando fue prohibido tocar el tambor, la gente todavía quería expresarse a través de la música y comenzó a golpear objetos de metal en su lugar. Esto propició el desarrollo del tambor de acero. Las distintas partes del tambor emiten notas diferentes cuando se golpean con mazos o con la mano del músico.

The **steel drum** originated in Trinidad and Tobago. When African slaves were brought over to these islands, music became a large part of their culture and how they expressed themselves. After slavery was abolished in 1838, drumming was a very important part of celebrations and street festivals. However, when drumming was banned, people still wanted to express themselves through music and began hitting metal objects instead. This led to the development of the steel drum. Different parts of the drum make different notes when they are hit with either mallets or the player's hand.

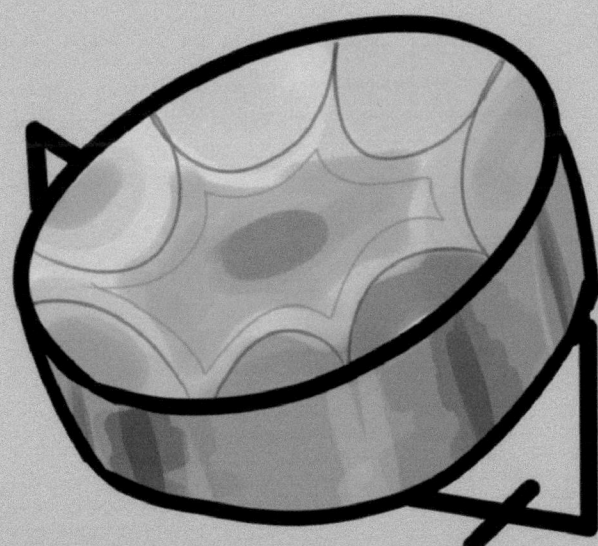

La **ocarina** es un antiguo instrumento de viento. ¡Se cree que fue creada hace más de 12.000 años! La ocarina moderna se creó en Italia, pero los historiadores creen que se usaron versiones similares en las antiguas civilizaciones china, maya y azteca. De forma similar a una flauta, la ocarina produce distintos tonos al cubrir los diferentes agujeros. La ocarina es tradicionalmente de arcilla cerámica, pero puede ser de madera, plástico, vidrio o ¡incluso hueso de animal! Es posible que hayas escuchado una ocarina en la banda sonora de tus videojuegos favoritos.

The **ocarina** is an ancient wind instrument. It is believed to have been created over 12,000 years ago! The modern ocarina was created in Italy, but historians believe that similar versions were used in ancient Chinese, Mayan, and Aztec civilizations. Similar to a flute, the ocarina produces different pitches by covering different holes. The ocarina is traditionally made of ceramic clay, but can be made of wood, plastic, glass, or even animal bone! You may have heard an ocarina on the soundtrack of your favorite video games.

El **sitar** es un instrumento de cuerda que se creó en la India en la época medieval, y cuya versión moderna se creó en el siglo XIX. Se parece a una guitarra y funciona de forma similar, ¡pero tiene hasta 21 cuerdas! Las cuerdas son de metal y, para cambiar el tono, el músico presiona hacia abajo las barras horizontales situadas en el cuello. Las clavijas de la parte superior y lateral se llaman kunti y se utilizan para afinar las cuerdas. El sitar se utiliza tanto en la música india clásica como en la moderna.

The **sitar** is a string instrument that was created in India during medieval times, with the modern version being created in the 1800s. It resembles a guitar, and works in a similar way, but has up to 21 strings! The strings are made of metal, and to change pitch, the player presses down on the horizontal bars across the neck. The knobs on the top and side are called kunti and are used to tune the strings. The sitar is used in both classical and modern Indian music.

Las gaitas son instrumentos de viento. Las gaitas modernas fueron creadas en Escocia, pero se cree que las primeras versiones estaban presentes en la antigua Grecia y Roma. Las gaitas se componen de una bolsa que mantiene la presión del aire para producir un sonido uniforme, tubos en los que se sopla el aire y un puntero que se parece a una flauta. Al tapar los diferentes agujeros del puntero, el músico puede cambiar el tono de la nota. Las gaitas son populares en todo el mundo, incluyendo Irlanda, Nueva Zelanda, Canadá y Oriente Medio.

Bagpipes are woodwind instruments. Modern bagpipes were created in Scotland, but early versions were believed to be present in ancient Greece and Rome. Bagpipes are made up of a bag, which maintains the air pressure to produce an even sound, pipes to blow air into, and a chanter, which resembles a flute. By covering different holes in the chanter, the player can change the pitch of the note. Bagpipes are popular all over the world, including Ireland, New Zealand, Canada, and across the Middle East.

El **güiro** es un instrumento de percusión creado en Puerto Rico en el siglo XVI por los indígenas taínos. Se utilizó por primera vez en la música folclórica cubana y puertorriqueña y se extendió a la salsa latina y la música conga. Es una pieza de madera hueca, en forma de calabaza, cubierta de ranuras horizontales. Para emitir un sonido, el músico raspa un palo o un cepillo por las ranuras del güiro. Por lo general es tocado por un cantante para mantener el ritmo.

The **güiro** is a percussion instrument created in Puerto Rico by the indigenous Taíno people in the 1500s. It was first used in Cuban and Puerto Rican folk music and spread to Latin salsa and conga music. It is a hollow, gourd-shaped piece of wood covered in horizontal notches. To make a sound, the player rubs a stick or a brush across the side of the güiro. It is usually played by a singer to keep rhythm.

Estos son sólo algunos de los increíbles instrumentos que pertenecen a diferentes culturas y países de todo el mundo.

These are just a few of the amazing instruments that belong to different cultures and countries around the globe.

Instruments with country of origin:

- ♪ **Bagpipes** - Scotland
- ♪ **Didgeridoo** (did-jer-ee-doo) - Australia
- ♪ **Güiro** (gwee-ro) - Puerto Rico
- ♪ **Kalimba** (kah-lim-bah) - Zimbabwe
- ♪ **Ocarina** (ah-cah-ree-nah) - Italy
- ♪ **Otamatone** (oh-tah-mah-tone) - Japan
- ♪ **Rondador** (ron-da-dor) - Ecuador
- ♪ **Sitar** (suh-tar) - India
- ♪ **Steel Drum** - Trinidad and Tobago

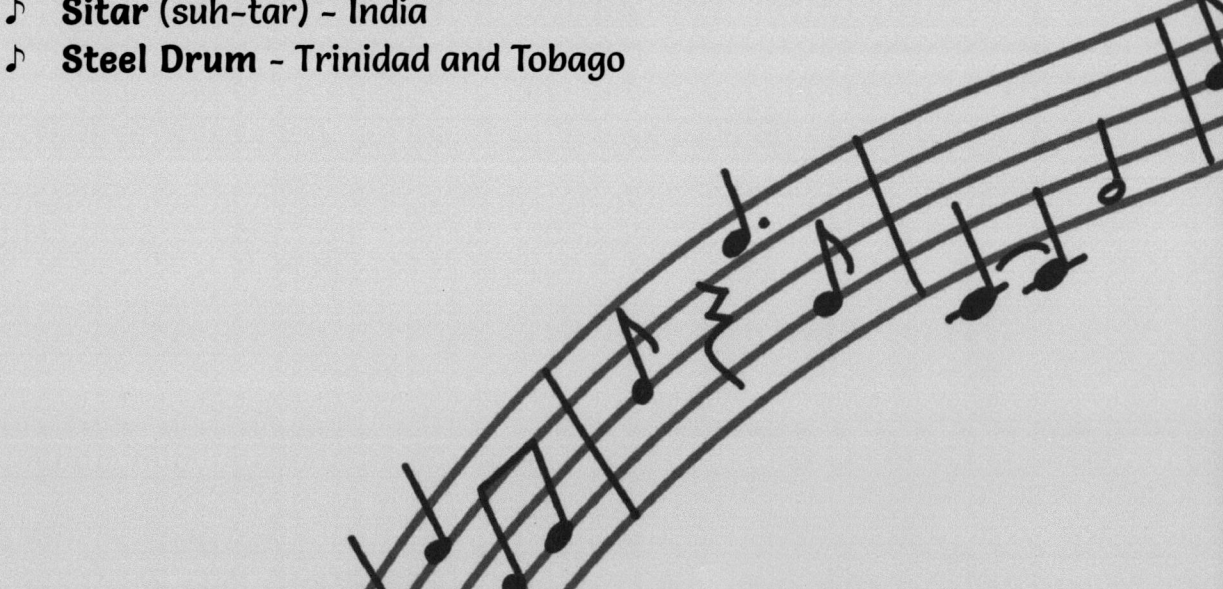